BEI GRIN MACHT SICH IH
WISSEN BEZAHLT

- Wir veröffentlichen Ihre Hausarbeit,
  Bachelor- und Masterarbeit

- Ihr eigenes eBook und Buch -
  weltweit in allen wichtigen Shops

- Verdienen Sie an jedem Verkauf

Jetzt bei www.GRIN.com hochladen
und kostenlos publizieren

Toni Carlowitz

Make-or-Buy Entscheidung in der Informationstechnologie

Entscheidungsmodelle beim strategischen IT-Outsourcing in der Automobilindustrie

GRIN Verlag

Bibliografische Information der Deutschen Nationalbibliothek:

Die Deutsche Bibliothek verzeichnet diese Publikation in der Deutschen National-
bibliografie; detaillierte bibliografische Daten sind im Internet über http://dnb.d-
nb.de/ abrufbar.

Impressum:

Copyright © 2014 GRIN Verlag GmbH
Druck und Bindung: Books on Demand GmbH, Norderstedt Germany
ISBN: 978-3-656-66310-2

Dieses Buch bei GRIN:

http://www.grin.com/de/e-book/272758/make-or-buy-entscheidung-in-der-informa-
tionstechnologie

GRIN - Your knowledge has value

Der GRIN Verlag publiziert seit 1998 wissenschaftliche Arbeiten von Studenten, Hochschullehrern und anderen Akademikern als eBook und gedrucktes Buch. Die Verlagswebsite www.grin.com ist die ideale Plattform zur Veröffentlichung von Hausarbeiten, Abschlussarbeiten, wissenschaftlichen Aufsätzen, Dissertationen und Fachbüchern.

Besuchen Sie uns im Internet:

http://www.grin.com/

http://www.facebook.com/grincom

http://www.twitter.com/grin_com

Fachhochschule Südwestfalen
Standort Meschede
Fachbereich Ingenieur- und Wirtschaftswissenschaften

Make-or-Buy Entscheidungsmodelle beim strategischen IT-Outsourcing in der Automobilindustrie

Thesis zum Erlangen des Grades

Bachelor of Arts

vorgelegt von:

Toni Carlowitz

Semester 7

München, den 07.01.2014

Inhaltsverzeichnis

Abkürzungsverzeichnis

B2B ....Business-to-Business

B2C ....Business-to-Consumer

BI ....Business Intelligence

CIM ....Computer Integrated Manufacturing

CRM ....Customer Relationship Management

HR ....Human Resources

IT ....Informationstechnologie

ITO ....Informationstechnologie Outsourcing

JIT ....Just-in-Time

KPI ....Key-Performance-Indicator

OEM ....Original Equipment Manufacturer

OLA ....Operational-Level-Agreement

SLA ....Service-Level-Agreement

Abbildungsverzeichnis

1. Einleitung

Die aktuellen Sparprogramme in den weltweiten Konzernen wie beispielsweise IBM, Siemens, RWE, Daimler und BMW fokussieren grundlegend eine nachhaltige Steigerung der Profitabilität, um langfristig im Wettbewerb bestehen zu können. Bei der Auswahl geeigneter Maßnahmen zur Profitabilitätssteigerung sind die Unternehmen gezwungen, neben dem Einsparpotenzial auch die negativen Auswirkungen der Maßnahmen auf ihre Produkte und Dienstleistungen zu analysieren.

Eine Maßnahme im Rahmen der Globalisierung und weltweiten Arbeitsteilung umfasst die Form des Outsourcings. Sie bietet den Konzernen die Chance, durch eine Auslagerung von Geschäftsprozessen die eigenen Kosten zu reduzieren und sich auf ihr Kerngeschäft zu konzentrieren, andererseits entstehen gleichzeitig ein Koordinationsaufwand sowie eine Abhängigkeit vom Outsourcing Partner.[1]

Die finale Entscheidung eines Unternehmens für oder gegen ein Outsourcing wird von zahlreichen Kriterien beeinflusst, welche als wesentliche Anforderungen vom jeweiligen Unternehmen im Hinblick auf ein mögliches Outsourcing Szenario definiert werden. So fällte beispielsweise General Motors im Dezember 2012 die Entscheidung, die vorher ausgelagerte Informationstechnologie teilweise wieder in das eigene Unternehmen zu integrieren, um "die doppelte Entwicklungsgeschwindigkeit für neue IT-Anwendungen" zu erreichen, da "viele PKW [...] heute mehr Software-Power als die Apollo Mission" haben.[2]

Im Rahmen der Bachelorarbeit soll spezifisch für die Automobilindustrie und das Outsourcing der Informationstechnologie der Make-or-Buy Entscheidungsprozess fokussiert werden. Die Bachelorarbeit soll die Problematik der unspezifischen theoretischen Entscheidungsmodelle lösen, in dem eine Modellempfehlung für den spezifischen Anwendungsfall des IT-Outsourcings in der Automobilindustrie ausgesprochen wird. Durch die Definition individueller Kriterien wird ein Anforderungsprofil für die IT der Automobilbranche definiert. Die anschließende Gewichtung der Kriterien ermöglicht die Durchführung einer Nutzwertanalyse, welche durch einen einheitlichen Vergleich die Anwendbarkeit der bestehenden theoretischen Entscheidungsmodelle im Automobilkontext bewertet. Gleichzeitig soll durch diese methodische Vorgehensweise die grundlegende These beantwortet werden, dass die Erfolgsfaktoren je Branche und Outsourcing Spezifika variieren.

---

[1] Vgl. Zahn/Ströder/Unsöld 2007, S.14
[2] Vgl. Gartner URL: http://www.manager-magazin.de/unternehmen/artikel/a-870864.html [Stand:16.12.2013]

2. Grundlegende Begriffe und Eingrenzungen

In diesem Teil der Bachelorarbeit soll eine Einführung in die Thematik und den Markt des IT-Outsourcings gegeben werden, in dem der Begriff eingangs erläutert und weiterführend die Vor- und Nachteile aufgezeigt werden. Darüber hinaus werden die Begriffe Entscheidung sowie Entscheidungsmodell definiert und anschließend auf die Basiselemente eines Entscheidungsmodells eingegangen.

2.1 IT-Outsourcing

Die Outsourcing Thematik hat sich aufgrund der steigendenden Umweltsicherheit und dem erhöhten Wettbewerb seit der Entstehung in den 50er Jahren essentiell verändert.[3] Im aktuellen Zeitkontext übersteigt der Begriff Outsourcing sowie IT-Outsourcing das ursprüngliche Ziel der Kostensenkung um eine strategische Komponente.[4] Auf dieser Weiterentwicklung basierend wird in der Bachelorarbeit der Begriff des strategischen IT-Outsourcings fokussiert. Dieser wird im folgenden Abschnitt definiert, gleichzeitig aber auch die Vor- und Nachteile sowie die Marktentwicklung aufgezeigt. Auf die einzelnen Formen des IT-Outsourcings, welche grundlegend die Möglichkeit bieten, selektive IT-Leistungen auszulagern, soll an dieser Stelle nicht eingegangen werden. Die Bachelorarbeit zielt aufgrund der inhaltlichen Limitierung ausschließlich die Form des vollständigen IT-Outsourcings ab.

2.1.1 Definition: Strategisches IT-Outsourcing

Will man den Begriff des strategischen IT-Outsourcings definieren, so muss dieser in die zwei Komponenten IT-Outsourcing und Strategie geteilt werden. Unter IT-Outsourcing (= **Out**side **Re**source **Us**ing) wird zunächst jegliche Art des Fremdbezugs von IT-spezifischen Dienstleistungen verstanden.[5] Werden Outsourcing-Dienstleistungen im Ausland erbracht, spricht man von Offshoring (Offshore Outsourcing).[6] Zunehmend geht es beim IT-Outsourcing nicht nur um die Auslagerung von Produktion oder IT-Infrastruktur, sondern auch um die Transformation der zugehörigen Prozesse.[7]

Für den Begriff „Strategie" existieren zahlreiche wissenschaftliche Definitionen. *Hinterhuber* beschreibt den Begriff als den „Rahmen, innerhalb dessen die Entscheidungen getroffen werden, die die Art und Richtung der Unternehmung bestimmen; sie ist auf die Beantwortung der Frage gerichtet, was die Unternehmung in Zukunft aus welchen Gründen sein will."[8] Da eine Outsourcing Option im Rahmen der Unternehmensplanung analysiert wird, „befasst sich

---

[3] Vgl. Hollekamp 2005, S.2
[4] Vgl. ebd., S.3
[5] Vgl. BITKOM 2004, S.5
[6] Vgl. ebd.
[7] Vgl. ebd.
[8] Vgl. Hinterhuber 1982, S.15

[die strategische Planung] mit Alternativen über die Beibehaltung oder Änderung der Unternehmenspolitik, um langfristig die Erreichung der Unternehmensziele sicherzustellen."[9] Soll an dieser Stelle eine abschließende Definition für den Begriff des strategischen IT-Outsourcings gegeben werden, so umfasst dieser grundlegend den Fremdbezug der Informationstechnologie als Dienstleistung, um die langfristigen Unternehmensziele im Hinblick auf Kostenstruktur und Prozesstransformation zu erreichen. In diesem Zusammenhang fokussiert ein strategisches IT-Outsourcing einen Zeitraum von fünf oder mehr Jahren.[10]

2.1.2 Vor- und Nachteile von IT-Outsourcing

Wie im Kapitel 1 der Bachelorarbeit angedeutet, entscheiden sich Unternehmen für das Outsourcing der Informationstechnologie, wenn sie essentielle Vorteile durch den Fremdbezug der Dienstleistung erlangen können. Die allgemeinen Vor- und Nachteile des IT-Outsourcings, welche im Rahmen des Entscheidungsprozesses abgewogen werden, sollen im Folgenden anhand der Unterteilung in finanzielle, strategische und servicebezogene Aspekte dargestellt werden. Im Kapitel 4 der Arbeit werden dann auf Basis der allgemeinen Vor- und Nachteile konkrete Kriterien im Make-or-Buy Entscheidungs-prozess der Automobilbranche spezifiziert.

Finanzielle Aspekte

Betrachtet man eingehend die finanziellen Aspekte, so lässt sich die Reduzierung der Kosten, insbesondere der Fixkosten, als elementarer Vorteil beim IT-Outsourcing festhalten. Für das auslagernde Unternehmen entfallen gleichzeitig auch andere Kostenarten wie Investitionen in Hardware, Personal oder auch in Schulungen.[11] Aus finanzieller Betrachtungsweise führt IT-Outsourcing weiterhin zu einer Erhöhung der Kostentransparenz sowie Kostenplanbarkeit.[12]

Die finanziellen Nachteile eines IT-Outsourcings bestehen in den einmalig hohen Umstellungskosten im Rahmen des Transformationsprozesses. Diese Kosten können beispielsweise Desinvestitionen hinsichtlich der Infrastruktur, Koordinationskosten, Kommunikationskosten sowie eventuelle Kosten für Mitarbeiterabfindungen sein. Ein weiterer Nachteil in Bezug auf die finanziellen Aspekte umfasst die schwere Abschätzbarkeit der langfristigen Leistungsanforderungen beim IT-Dienstleister sowie die Abhängigkeit vom Preismodell des Outsourcing Partners.[13]

---

[9] Vgl. Arbeitskreis Langfristige Unternehmensplanung 1977, S.2-4.
[10] Vgl. Gälweiler S.186
[11] Vgl. Lux 1997, S.7
[12] Vgl. Biethahn 1996, S.142
[13] Vgl. Lux 1997, S.11 f.

Strategische Aspekte

Im Hinblick auf die strategischen Aspekte können die Mitarbeiter durch die Ausgliederung der IT langfristig die eigene geschäftliche Kernkompetenz des Unternehmens konzentrieren und weiterhin das Risiko in Verbindung mit der Bereitstellung betriebsnotwendiger IT-Services zum Dienstleister verlagern. Gleichzeitig können durch die strategische Partnerschaft mit dem IT-Dienstleister weitere Synergieeffekte in Form neuer Vertriebswege oder Markterschließungen erzielt werden.[14] Ein zusätzlicher strategischer Vorteil kann die Steigerung der Qualität und Professionalität der IT darstellen, in dem das technische Know-how und die moderne Technik des Dienstleisters eingesetzt werden.[15]

Strategische Nachteile bestehen im Verlust des unternehmenseigenen Know-hows sowie in der Erhöhung der Abhängigkeit vom Outsourcing-Partner. Im Falle eines Geschäftsausfalls des IT-Dienstleisters entstehen enorme Auswirkungen auf den Geschäftsbetrieb des Unternehmens. Durch die Entscheidung zum IT-Outsourcing können weiterführend Spannungen in der eigenen Belegschaft entstehen, welche sich mit einem eventuellen Mitarbeitertransfer konfrontiert sieht. Des Weiteren werden die vertraulichen Daten des Unternehmens nach der Auslagerung von einem fremden Dienstleister verwaltet, welches aus datenschutzrechtlichen Gründen ein zusätzliches Risiko darstellt.[16]

Servicebezogene Aspekte

Fokussiert man die servicebezogenen Aspekte, so lässt sich aussagen, dass die Steigerung der Servicequalität einen weiteren grundlegenden Vorteil beschreibt, welcher im Speziellen durch die Expertise des Personals sowie den Einsatz neuer Technologien entsteht. Weiterhin verfügt der Service durch den IT-Dienstleister häufig über höhere Kapazitäten, wodurch ein positiver Effekt im Hinblick auf die Verarbeitungsleistung, Verfügbarkeit und Lastspitzabdeckung erzielt wird.[17]

Ein servicebezogener Nachteil kann aber auch durch die starre Abhängigkeit von der Technologie des Outsourcing Partners entstehen. Aufgrund einer zu hohen Standardisierung in den Prozessabläufen könnte dies weiterführend eine Verschlechterung der Servicequalität implizieren.[18] Eine Verschlechterung der Servicequalität kann aber auch durch die fehlenden Kenntnisse und Unerfahrenheit des IT-Dienstleisters mit den spezifischen Problemstellungen des Unternehmens entstehen.[19]

---

[14] Vgl. Lux 1997, S.7
[15] Vgl. ebd., S.7 f.
[16] Vgl. Krcmar 2003, S.295
[17] Vgl. Lux 1997, S.9 f.
[18] Vgl. Krcmar 2003, S.295
[19] Vgl. Lux 1997, S.10 f.

2.1.3 Marktentwicklung

Die geschäftliche Vision für die Auslagerung der IT hat ihren Ursprung in den fünfziger Jahren als aufgrund der steigenden Datenverarbeitung erstmals freie Rechenzentren für kleine und mittlere Unternehmen angeboten wurden. Nach der Geschäftsvision entstand der heutige IT-Outsourcing Markt in den neunziger Jahren als die ersten spezialisierten IT-Dienstleister sowohl operativ als auch strategisch IT-Leistungen von Unternehmen übernahmen.[20]

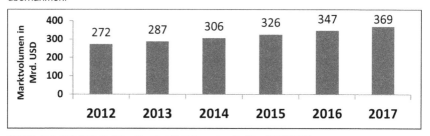

Abbildung 1: Entwicklung des weltweiten IT-Outsourcing Marktes (2012-2017)
(Quelle: Gartner Forecast Analysis: IT Outsourcing worldwide 2011-2017; https://www.gartner.com/doc/2414415)

Das Marktvolumen für ITO-Dienstleistungen stieg kontinuierlich weiter, sodass der weltweite Markt im Jahr 2012 ca. 272 Mrd. USD betrug, wobei der Anteil des deutschen ITO-Marktes mit etwa 10% ca. 26,4 Mrd. USD umfasste.[21]

Wie in Abbildung 1 ersichtlich, wird der weltweite IT-Outsourcing Markt nach den aktuellen Marktprognosen im Jahr 2013 ein Volumen von ca. 287 Mrd. USD umfassen, was im Vergleich zum Vorjahr eine Steigerung von 2,8% ausdrücken würde.[22] Fokussiert man weitergehend die Marktprognosen bis zum Jahr 2017, so wird das Volumen des globalen ITO-Marktes bis auf 369 Mrd. USD weiter steigen. Die durchschnittliche jährliche Wachstumsrate beträgt nach den Angaben der Analysten im Zeitraum zwischen 2013 und 2017 ca. 6,5%.[23] Ein wichtiger Treiber für das weitere Wachstum im ITO-Markt ist die steigende Nachfrage im Segment Cloud Computing, in welchem „IT-Leistungen flexibel in Echtzeit und als Service über das Internet oder innerhalb eines Firmennetzwerkes bereitgestellt"[24] werden. Analysten prognostizieren in diesem Zusammenhang eine Vervierfachung des Umsatzes im Business-Sektor des deutschen Cloud Computing Marktes.[25] „Immer mehr Unternehmen werden diejenigen IT-Services, mit denen sie sich nicht von ihren Wettbewerbern absetzen, aus der Cloud beziehen."[26]

---

[20] Vgl. Lux 1997, S.1 f.
[21] Vgl. BITKOM URL: http://www.bitkom.org/de/markt_statistik/64086_68151.aspx [Stand: 17.12.2013]
[22] Vgl. Gartner URL: http://www.gartner.com/newsroom/id/2550615 [Stand: 17.12.2013]
[23] Vgl. Gartner 2012, S.21
[24] Vgl. BITKOM URL: http://www.bitkom.org/de/markt_statistik/64086_68151.aspx [Stand: 17.12.2013]
[25] Vgl. ebd.
[26] Vgl. ebd.

2.2 Entscheidungen

In Kapitel 2.2 der Bachelorarbeit sollen wesentliche Informationen gegeben werden, um ein grundsätzliches Verständnis für den Entscheidungsprozess im Rahmen einer Make-or-Buy Entscheidung aufzubauen. Infolgedessen wird der Begriff der Entscheidung und des Entscheidungsmodelles definiert und anschließend die Ziele eines solchen Entscheidungsmodells in Verbindung mit dessen Basiselementen erläutert.

2.2.1 Definition einer Entscheidung

Grundlegend wird das gesamtbetriebliche Geschehen durch Entscheidungen der oberen, mittleren und unteren Führungsebene bestimmt.[27] Eine Entscheidung wird essentiell als Vollzug einer Wahlhandlung definiert, welche aufgrund eines bestimmten Ziel- bzw. Zweckimpulses und einem Willensimpuls veranlasst wird.[28] Wichtige Merkmale einer Entscheidung sind weiterhin, dass mindestens zwei Alternativen erforderlich sind, um eine Wahlhandlung zu ermöglichen und dem Entscheidungsträger ein entsprechender Ermessensspielraum gewährleistet wird.[29] Alternativen sind in diesem Zusammenhang alle in Zukunft durchführbaren Lösungswege, welche bis zur Zielerreichung Gültigkeit haben und darüber hinaus voneinander unabhängig sind.[30]

Betrachtet man den Entscheidungsprozess, so lässt sich dieser in die 1) Problemformulierung, 2) Präzisierung des Zielsystems, 3) Erforschung der möglichen Handlungsalternativen, 4) Auswahl einer Handlungsalternative und 5) Entscheidungen der Realisationsphase aufteilen.[31] Im Rahmen dieser wissenschaftlichen Arbeit wird mit der Make-or-Buy Entscheidung daher die Auswahl einer Handlungsalternative als Teilbereich konzentriert, in dem „die im Hinblick auf die angestrebten Ziele beste Alternative ausgewählt"[32] wird. Aufgrund der inhaltlichen Begrenzung der Bachelorarbeit soll in diesem Kapitel auf eine Erläuterung weiterer Teilbereiche sowie Entscheidungsformen verzichtet werden.

2.2.2 Definition und Ziele von Entscheidungsmodellen

Ein Entscheidungsmodell wird als ein System von Sätzen aufgefasst, welches grundsätzlich ermöglicht, logische Aussagen über die Bewertung der Handlungsalternativen durch eine Lösungsdeduktion zu treffen.[33] Für die Bewertung der bestehenden Alternativen werden entscheidungsrelevante Größen definiert und anschließend deren jeweilige Ausprägung je

---

[27] Vgl. Ebert 2011, S.145
[28] Vgl. ebd.
[29] Vgl. ebd.
[30] Vgl. ebd.
[31] Vgl. Heinen 1976, S.19
[32] Vgl. ebd.
[33] Vgl. ebd. 1968, S.50

Handlungsoption analysiert.[34] Das Ziel eines Entscheidungsmodells besteht folglich darin, entscheidungsunterstützende Ableitungen bzw. Bewertungen aus der Darstellung des Entscheidungsproblems bereitzustellen.[35]

Im Hinblick auf die Make-or-Buy Entscheidung beim IT-Outsourcing können Entscheidungs-modelle diese grundsätzliche Unterstützung zur Verfügung stellen, in dem sie die Handlungsalternativen, im Speziellen der Eigen- oder Fremdbezug der IT-Leistungen, anhand der Ausprägung identifizierter Kriterien bewerten.

2.2.3 Basiselemente eines Entscheidungsmodells

Ein Entscheidungsmodell besteht, wie in Abbildung 2 dargestellt, grundlegend aus einer Entscheidungsregel und einem Entscheidungsfeld, wobei eine Entscheidungsregel die Zielgröße festlegt, durch welche der Grad der Bedürfnisbefriedigung oder Zielerreichung interpretiert wird.[36] Das Entscheidungsfeld wird durch die entscheidungsspezifischen Alternativen, Umweltzustände und jeweiligen Ergebnissen bestimmt.[37] In diesem Zusammenhang beschreiben die Handlungsalternativen den Entscheidungsraum und die Ergebnisse den Freiraum, der durch die möglichen Wertausprägungen der definierten Zielgrößen entsteht.[38] Unter Betrachtung der Abbildung 2 wird deutlich, dass das Entscheidungsfeld auch durch Umweltzustände beeinflusst wird, welche grundsätzlich keine Zielgrößen darstellen und infolgedessen nicht vom Entscheidungsträger beeinflusst werden können.[39]

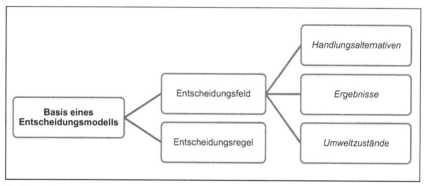

Abbildung 2: Basiselemente eines Entscheidungsmodells
(in Anlehnung an Laux/Gillenkirch/Schenk-Mathes 2012)

---

[34] Vgl. Laux/Gillenkirch/Schenk-Mathes 2012, S.31
[35] Vgl. ebd., S.29
[36] Vgl. ebd., S.34
[37] Vgl. ebd.
[38] Vgl. ebd., S.31
[39] Vgl. ebd., S.32

Überträgt man die einführenden Informationen aus diesem Kapitel auf die inhaltliche Zielstellung der Bachelorarbeit, so kann zusammenfassend ausgesagt werden, dass das IT-Outsourcing den Unternehmen grundsätzlich eine Möglichkeit bietet, die Informationstechnologie als Geschäftsprozess langfristig auszulagern und zu transformieren. Die Attraktivität des IT-Outsourcings wird sich aufgrund steigender Qualität und Erfahrung sowie der zunehmenden Standardisierung der IT-Services erhöhen. Es ist demzufolge davon auszugehen, dass sich die Anzahl der Unternehmen, die die ITO-Möglichkeit in Betracht ziehen und vor der diesbezüglichen Make-or-Buy Entscheidung stehen, im aktuell hohen Wettbewerbsdruck signifikant erhöhen wird.

In diesem Szenario muss der Entscheidungsträger oder das Entscheidungsgremium des Unternehmens final zwischen den Handlungsalternativen entscheiden, ob ein IT-Outsourcing und der dementsprechende Fremdbezug der IT-Leistungen umgesetzt wird oder die IT-Leistungen durch Eigenproduktion bereitgestellt werden. Aufgrund der hohen Tragweite dieser strategischen Entscheidung für die gesamte Unternehmung existieren unterstützende Entscheidungsmodelle für den allgemeinen Outsourcing-Kontext, welche im folgenden Kapitel näher erläutert werden sollen.

3. Make-or-Buy Entscheidungsmodelle für Outsourcing

Für die Make-or-Buy Entscheidung hinsichtlich der Auslagerung einer Unternehmensfunktion existieren zahlreiche branchen- und themenunspezifische Entscheidungsmodelle in der Wissenschaft. Im weiteren Verlauf der Arbeit werden die vier wesentlichen Outsourcing Entscheidungsmodelle vorgestellt, nachdem einführend die Make-or-Buy Entscheidung innerhalb des allgemeinen Outsourcing-Prozesses thematisiert wird.

3.1 Die Make-or-Buy Entscheidung innerhalb des Outsourcing-Prozesses

In der Wissenschaft existiert eine Vielzahl von Prozessdefinitionen im Outsourcing Bereich, wobei sich die ersten Prozessmodelle in den sechziger Jahren vorwiegend auf den Einkaufsprozess konzentrierten.[40] Danach zielten die Modelle auf die Abbildung aller Einzelaktivitäten entlang des Outsourcing-Verlaufs ab und legten dabei einen besonderen Wert auf die Planungsphase des Prozesses.[41] In Abbildung 3 ist daher eine Kombination der Prozessmodelle dargestellt, welche einerseits den generischen Outsourcing-Prozess aufzeigt, gleichzeitig aber auch die Analysephase in weitere Einzelschritte detailliert, um die Einordnung der Make-or-Buy Entscheidung herauszukristallisieren.

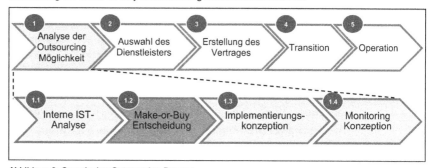

Abbildung 3: Generischer Outsourcing-Prozess
(in Anlehnung an Hätonen 2008 und Duening/Click 2005)

Im Hinblick auf Abbildung 3 beginnt der Outsourcing-Prozess mit der unternehmerischen Entscheidung, die Möglichkeit der Auslagerung einzelner Geschäftsprozesse zu verfolgen. Im ersten Schritt wird diese Möglichkeit daher analysiert, indem eingehend im Prozessschritt 1.1 eine interne IST-Analyse vorgenommen wird.[42] In diesem Zusammenhang werden aus der übergreifenden Unternehmensperspektive die bestehenden Kompetenzen und Prozesse des Unternehmens identifiziert sowie anschließend die Auswirkungen und Inter-

---

[40] Vgl. Hätonen 2008, S.54
[41] Vgl. ebd.
[42] Vgl. ebd., S.57

Toni Carlowitz

dependenzen im Falle des Outsourcings einzelner Geschäftsprozesse evaluiert.[43] Nachdem in der übergreifenden IST-Analyse die Geschäftsprozesse für ein potenzielles Outsourcing Szenario identifiziert wurden, wird im nächsten Teilprozess die Make-or-Buy Entscheidung herbeigeführt. In diesem Kontext wird diese Entscheidung eingehend vorbereitet, indem eine umfangreiche Analyse der betrachteten Geschäftsprozesse und weiterhin eine detaillierte Konzeptionierung des Outsourcing Cases erstellt werden.[44] Möchte das Unternehmen beispielsweise das Outsourcing der IT weiterverfolgen, so wird der Bereich dementsprechend einer detaillierten Analyse unterzogen. Auf Basis der erstellten Konzeptionierung und Analyse wird anschließend die finale Entscheidung getroffen, ob das Outsourcing des Geschäftsprozesses durchgeführt wird. Aufgrund der hohen Komplexität und strategischen Bedeutung der Entscheidung definieren Unternehmen Kriterien, welche die spezifischen Anforderungen an das Outsourcing repräsentieren. Im Rahmen der Bachelorarbeit soll eine Antwort auf die These gegeben werden, dass diese Kriterien eine Abhängigkeit zu dem Unternehmen, der Branche und dem Outsourcing Case aufweisen.[45] Auf die existierenden wissenschaftlichen Entscheidungsmodelle, welche eine allgemeine Make-or-Buy Entscheidung unterstützen, wird im folgenden Kapitel näher eingegangen. Entscheidet sich das Unternehmen für das Outsourcing eines Geschäftsprozesses, so werden anschließend im Schritt 1.3 und 1.4 die Anforderungen im Hinblick auf die Implementierung sowie die Kontrolle und das Monitoring beschrieben.

Im nächsten Schritt identifiziert das Unternehmen den Outsourcing Partner. Die Auswahl des geeigneten Outsourcing Partners wird häufig durch eine Ausschreibung mit entsprechendem "Request for Proposal" realisiert und stellt innerhalb des Outsourcing-Prozesses einen Meilenstein für den langfristigen Erfolg dar.[46] Wenn der Outsourcing Partner für die Auslagerung des Geschäftsprozesses festgelegt wurde, wird -wie in Abbildung 3 ersichtlich- ein gemeinsamer Vertrag als Basis der Zusammenarbeit formuliert und abgeschlossen. Bestandteile des Vertrages sind neben dem Preismodell für die Kostenverrechnung, SLAs und KPIs.[47]

In Schritt 4 findet schließlich die Überführung des bestehenden Geschäftsprozesses zum Outsourcing Partner statt.[48] Eine weitere Detaillierung soll aufgrund der inhaltlichen Beschränkung der Arbeit an dieser Stelle nicht vorgenommen werden. Sobald der Geschäftsprozess vom Dienstleister vollständig erbracht wird und damit die Auslagerung des

---

[43] Vgl. Hätönen 2008, S.57-60.
[44] Vgl. ebd., S.61
[45] Vgl. ebd., S.63
[46] Vgl. Duening/Click 2005, S.76-78.
[47] Vgl. ebd., S.78
[48] Vgl. ebd., S.80

Prozess als abgeschlossen gilt, beginnt die operative Leistungsphase des Outsourcing Partners. Zusammenfassend kann eingebracht werden, dass die Make-or-Buy Entscheidung nach einer umfangreichen IST-Analyse im ersten Teil des Outsourcing-Prozesses stattfindet und darüber hinaus einen bedeutenden Meilenstein in der Unternehmensstrategie darstellt.

3.2 „Competitive Advantage vs. Strategic Vulnerability" nach Quinn & Hilmer

Wie im vorhergehenden Kapitel erläutert, existieren zahlreiche wissenschaftliche Modelle zur Unterstützung der Make-or-Buy Entscheidung.[49] Diese Entscheidungsmodelle beziehen sich auf eine Vielzahl theoretischer Ansätze, von denen die "Transaktionskostentheorie", die "Resource-Based-View" sowie die "Kosteneffizienz und weitere Aspekte der Unternehmens-performance" die Wesentlichen darstellen.[50] Da der Umfang dieser wissenschaftlichen Arbeit beschränkt ist, soll jedoch an dieser Stelle auf eine weitere Detaillierung und Einordnung der theoretischen Ansätze verzichtet, im Folgenden jedoch die wichtigsten Entscheidungs-modelle erläutert werden.

Eines der bedeutenden Entscheidungsmodelle, welches mehrere Parameter berücksichtigt, ist das Modell von *Quinn* und *Hilmer*.[51] Grundsätzlich bezieht sich das Modell zum einen auf den "Competitive Advantage" also den Wettbewerbsvorteil, der durch das Outsourcing des Geschäftsprozesses erzielt werden kann. Zum anderen berücksichtigt die zweite Dimension als "Strategic Vulnerability" die strategische Verletzbarkeit, welches die Auslagerung des Geschäftsprozesses impliziert.[52]

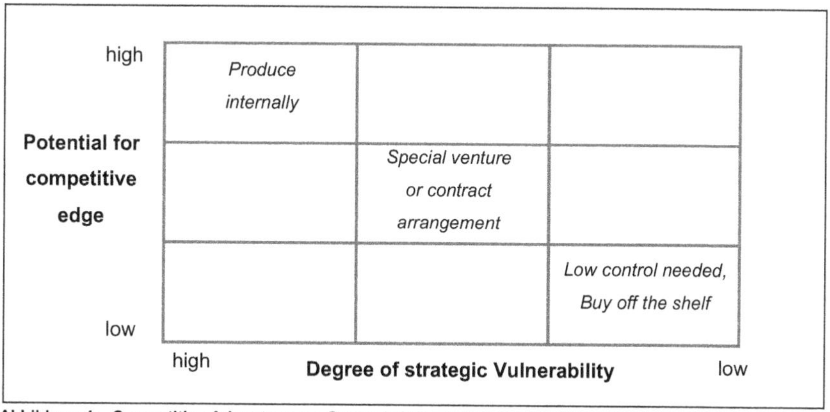

Abbildung 4: „Competitive Advantage vs. Strategic Vulnerability" nach Quinn & Hilmer
(in Anlehnung an Quinn/Hilmer 1994)

---

[49] Vgl. Sonderquist 2010, S.3
[50] Vgl. Pfaller 2012, S.25 f.
[51] Vgl. Sonderquist 2010, S.4
[52] Vgl. ebd.

Anhand der zwei Dimensionen kann das potenzielle Outsourcing Szenario in neun Felder kategorisiert und anschließend eine Entscheidungsempfehlung ausgesprochen werden. Das Modell von *Quinn* und *Hilmer* gibt für drei Felder der Matrix eine eindeutige Handlungsempfehlung.[53] Ist das Potenzial für die Generierung eines Wettbewerbsvorteils und die strategische Verletzbarkeit hoch, wird empfohlen, den Service durch Eigenproduktion zur Verfügung zu stellen. Im Falle eines mittleren Wettbewerbsvorteils und moderater strategischer Verletzbarkeit, sollte das Outsourcing Szenario durch eine spezifische Unternehmung oder eine besondere Vertragsgestaltung abgesichert werden. Ist die strategische Verletzbarkeit und das Potenzial für die Schaffung eines Wettbewerbsvorteils gering, wird die Durchführung des Outsourcing Cases empfohlen. Im Rahmen der Wissenschaft wird das Modell aufgrund fehlender Handlungsempfehlungen für die restlichen sechs Felder der Matrix kritisiert.

3.3 Die „Outsourcing Decision Matrix" nach McCormick & Duff

Betrachtet man die existierenden wissenschaftlichen Modelle für Outsourcing Entscheidungen, so konzentriert ein Teil der Modelle die Make-or-Buy Entscheidung aus der Perspektive des strategischen Kostenmanagements des Unternehmens. In diesem Bezug stellt die "Outsourcing Decision Matrix" von *McCormick* und *Duff* ein wichtiges Modell dar, welches einen Entscheidungsrahmen bei der Auswahl geeigneter Services oder Prozesse für ein Outsourcing bereitstellt.[54]

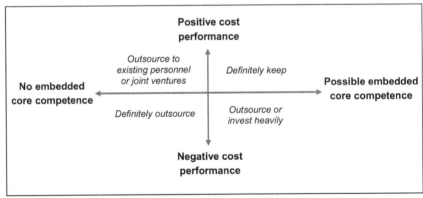

Abbildung 5: „Outsourcing Decision Matrix" nach McCormick und Duff
(in Anlehnung an McCormick/Duff 2009)

Die in Abbildung 5 dargestellte Matrix von *McCormick* und *Duff* bewertet die Make-or-Buy Entscheidung anhand zweier Dimensionen. Einerseits wird der Geschäftsprozess sowohl anhand seiner enthaltenen Kernkompetenz, andererseits aber auch sein Anteil an den

---

[53] Vgl. Sonderquist 2010, S.4
[54] Vgl. Nielsen 2013, S.240

Gesamtkosten des Unternehmens bewertet.[55] Eine negative Kostenleistung, wie sie in Abbildung 5 dargestellt wird, entsteht wenn die Bereitstellung des Services Kosten für die Unternehmung verursacht. Entstehen durch die Serviceerbringung grundlegend keine Kosten oder es wird ein Gewinn generiert, handelt es sich infolgedessen um eine positive Kostenleistung. Generiert der Service einen positiven Beitrag aus Gesamtunternehmenssicht und weisen die enthaltenen Aktivitäten keine Kernkompetenzen des Unternehmens auf, wird nach dem Entscheidungsmodell ein Outsourcing zu den bestehenden Dienstleistern empfohlen. Ist der Geschäftsprozess neben einer positiven Kostenleistung mit den Kernkompetenzen des Unternehmens verbunden, so sollte kein Outsourcing durchgeführt werden. Handelt es sich jedoch um einen Service, welcher einen negativen Kostenbeitrag impliziert und gleichzeitig keine Kernkompetenzen beinhaltet, empfiehlt die „Outsourcing Decision Matrix" von *McCormick* und *Duff* eine Durchführung des Outsourcings. Sofern der Service neben dem negativen Kostenbeitrag auch Kernkompetenzen verbindet, wird in diesem Fall auch die Durchführung des Outsourcings oder eine hohe Investition empfohlen.

Im Vergleich zur Entscheidungsmatrix von *Quinn* und *Hilmer*, gibt die „Outsourcing Decision Matrix" nach *McCormick* und *Duff* eine Handlungsempfehlung für alle Bewertungsergebnisse im Rahmen des Entscheidungsmodells.

3.4 Der „Make or Buy Decision Process" nach Bajec & Jakomin

Wie in der Einleitung bereits erwähnt, nutzen die Unternehmen die Möglichkeit des Outsourcings vorwiegend, um die Kosten des bestehenden Services oder Prozesses langfristig zu senken. Infolgedessen wird die Make-or-buy Entscheidung häufig von finanziellen Faktoren beeinflusst.[56] Die Einbeziehung finanzieller Faktoren setzt folglich voraus, dass im Rahmen der vorgehenden IST-Analyse, welche in Kapitel 3.1. näher erläutert wurde, auch die bestehenden finanziellen Strukturen analysiert werden. Diesbezüglich müssen alle Kosten einbezogen werden, welche bei der Service- oder Prozessbereitstellung anfallen, um die Gesamtkosten für den Service/Prozess aufzustellen.[57] Nach eingehender Kostenbewertung des bestehenden Services kann anschließend durch einen Kostenvergleich mit dem Outsourcing Szenario eine finale Aussage bezüglich der Durchführung des Outsourcings getroffen werden. Diese Form des Entscheidungsmodells hat zur Folge, dass ein finaler Kostenvergleich erst mit einem konkreten Angebot des Dienstleisters stattfinden kann. Unter Berücksichtigung dieses Zusammenhangs wurde der „Make or Buy Decision Process" von *Bajec* und *Jakomin* erstellt, welche die Make-or-Buy

---

[55] Vgl. Nielsen 2013, S.240
[56] Vgl. Greaver 2009, S.7
[57] Vgl. ebd.

Entscheidung anhand eines finanziellen Kostenvergleiches in Verbindung mit der jeweiligen Leistung beantwortet.

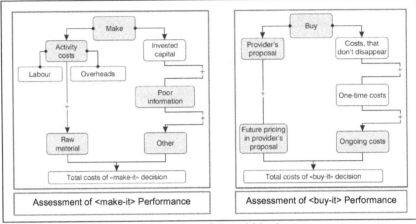

Abbildung 6: „Make or Buy Decision Process" nach Bajec und Jakomin
(in Anlehnung an Greaver 2009)

Der in Abbildung 6 dargestellte Entscheidungsprozess betrachtet das Kostenszenario des Eigenbezugs „Make" und des Fremdbezugs „Buy". Im Szenario des Eigenbezugs werden die Personal-, Material- und Investierungskosten berücksichtigt und die bestehende Serviceerbringung anhand definierter KPIs bewertet.[58] Die IST-Kosten des bestehenden IT-Prozesses können beispielsweise anhand einer Tätigkeitsstrukturanalyse identifiziert werden.[59] Im Outsourcing Szenario werden dementsprechend die Einmal- und Proposalkosten sowie die Kosten während der Leistungserbringung durch den Dienstleister eingezogen und diese in einem Zusammenhang zur Serviceleistung gestellt.[60]

Grundsätzlich werden die Kosten und Leistungen als Kriterien für die Outsourcing Entscheidung verwendet. Ein essentieller Kritikpunkt im „Make or Buy Decision Process" besteht jedoch in der ausgelassenen Handlungsempfehlung für das Unternehmen mit Outsourcing Option. Da die Bachelorarbeit auf die im jeweiligen Modell berücksichtigten Faktoren abzielt, wird auf eine weitere Detaillierung bezüglich der möglichen Auswertung des Entscheidungsprozesses an dieser Stelle verzichtet.

3.5 Das „Strategic Sourcing Model" nach Welch & Nayak

Unter dem Grundsatz, dass Produktivität, Qualität, Leistung, Mitarbeiterkompetenz und folglich auch der Marktanteil des Unternehmens vom technologischen Reifegrad eines

---

[58] Vgl. Bajec/Jakomin 2010, S.289
[59] Vgl. ebd.
[60] Vgl. ebd.

Produktes oder Geschäftsprozesses beeinflusst wird, entstand das „Strategic Sourcing Model" von *Welch* und *Nayak*.[61] Grundlegend erhöhen Unternehmen den Technologiegrad eines Prozesses aus geschäftlichem Interesse oder aus steigenden Anforderungen der Umwelt.[62] Eine Verbesserung der Prozesstechnologie zielt dabei auf 1) geringe Kosten, 2) eine Funktionssteigerung, 3) eine höhere Zuverlässigkeit und 4) eine Steigerung von Skaleneffekten ab.[63] Unter Berücksichtigung dieses Zusammenhangs gibt die in Abbildung 7 dargestellte Matrix von *Welch* und *Nayak* eine Handlungsempfehlung für die Make-or-Buy Entscheidung anhand der technologischen Einordnung des fokussierten Prozesses.[64] Die Einordnung wird anhand der Bedeutung der Prozesstechnologie für die Generierung eines Wettbewerbsvorteils vorgenommen. Die weiteren Kriterien im Hinblick auf die Einordnung sind der technologische Prozessreifegrad sowie der übergreifende Technologiegrad des Unternehmens im jeweiligen Wettbewerbsvergleich.

Das „Strategic Sourcing Model" von *Welch* und *Nayak* empfiehlt nach Abbildung 7 ein Outsourcing, wenn die Bedeutung der Prozesstechnologie für den Wettbewerbsvorteil gering ist. Weiterhin soll ein Outsourcing stattfinden, wenn die Technologie des Prozesses bedeutend für den Wettbewerbsvorteil ist, der Reifegrad der Technologie in der Industrie jedoch generell hoch ist. Ein Eigenbezug des Geschäftsprozesses wird empfohlen, wenn die Prozesstechnologie eine hohe Bedeutung für den Wettbewerbsvorteil aufweist, der Technologiereifegrad industrieübergreifend gleichzeitig steigt. Falls der Reifegrad der Prozesstechnologie generell in Zukunft eine hohe Bedeutung im Wettbewerb hat, sollten das interne Know-how und die Zulieferbeziehungen weiterentwickelt werden.

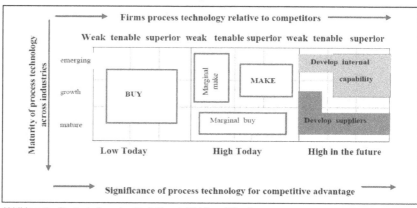

Abbildung 7: „Strategic Sourcing Model" nach Welch und Nayak
(in Anlehnung an Welch/Nayak 1992)

---

[61] Vgl. Öncü/Oner/Basoglu 2003, S.1
[62] Vgl. ebd., S.2
[63] Vgl. Lowe 1995, S.5
[64] Vgl. Öncü/Oner/Basoglu 2003, S.2

4. IT-Outsourcing in der Automobilindustrie

„Outsourcing ist eines der hochpriorisierten Themen auf der strategischen Agenda"[65] von Industrie Managern der Automobilindustrie. Nach dem Beginn der Massenfertigung in den 1920er Jahren und der Lean Management Ansätze in den 1980er Jahren steht die Automobilindustrie derzeit in einem neuen Umbruch.[66] Bis 2015 wird prognostiziert, dass die Automobilzulieferer große Teile der Produktion und Entwicklung der Automobilindustrie übernehmen werden, was bei den Zulieferern Wachstumsraten von 70% implizieren könnte.[67] Unter Berücksichtigung dieser Entwicklung werden sich die Automobilproduzenten verstärkt auf das eigene Know-how im Bereich Vertrieb, Service und Kundenbetreuung konzentrieren.[68] Ein aktuelles Praxisbeispiel in diesem Bezug ist die Entscheidung des Automobilherstellers BMW, sein weltweites Management der IT-Infrastruktur an den indischen IT-Dienstleister Infosys auszulagern.[69] In diesem Kapitel der Bachelorarbeit soll unter diesem Hintergrund eingehend das Geschäftsmodell der Automobilindustrie dargestellt und anschließend die Informationstechnologie als Geschäftsprozess eingeordnet werden. Im weiteren Verlauf werden wichtige Erfolgsfaktoren im Hinblick auf das IT-Outsourcing in der Automobilbranche identifiziert und anhand ihrer Bedeutung weiterführend gewichtet.

4.1 Das Geschäftsmodell der Automobilindustrie

Im Jahr 2013 erwarten Analysten ein Rekordjahr für die weltweite Automobilindustrie mit einer Produktion von ca. 74,7 Millionen neuen Pkw.[70] Vor allem die deutsche Automobilindustrie stellt aufgrund der hohen Exportleistung von 228,7 Mrd. Euro und einem Inlandsumsatz von 128,2 Mrd. Euro eine Schlüsselfunktion dar.[71]

Das dominierende Geschäftsmodell der Automobilindustrie besteht darin, dass die OEMs einerseits Fahrzeuge produzieren, andererseits aber auch die damit verbundenen Dienstleistungen (z.B. Finanzierung und After-Sales-Leistungen) bereitstellen.[72] In der Wertschöpfung der Automobilhersteller sind Zulieferer mit einem sehr hohen Anteil von bis zu 75% beteiligt.[73] Der dementsprechende Produkt- und Dienstleistungsverkauf wird im B2B- und B2C-Geschäft, also im Geschäfts- und Privatkundenbereich, realisiert. Aus Kundenperspektive bietet die Automobilbranche dabei ihren Kunden eine stetige

---

[65] Vgl. Sonderquist 2010, S.3
[66] Vgl. Mercer Management/Fraunhofer Institut 2003, S.1
[67] Vgl. ebd.
[68] Vgl. ebd.
[69] Vgl. Automobilwoche URL: http://www.automobilwoche.de/article/20130314/NACHRICHTEN/13031 9964/bmw-schlie%C3%9Ft-it-outsourcing-vertrag-mit-infosys#.UrHO44d97s4 [Stand: 22.12.2013]
[70] Vgl. Automobilproduktion URL: http://www.automobil-produktion.de/2013/07/weltweite-pkw-zulass ungen-im-juni-2013/ [Stand: 22.12.2013]
[71] Vgl. VDA URL: http://www.vda.de/de/zahlen/jahreszahlen/allgemeines/ [Stand: 22.12.2013]
[72] Vgl. Bernhart/Zollenkamp 2011, S. 277
[73] Vgl. ebd., S. 278

Produktverbesserung im Bereich Innovation, Sicherheit, Effizienz und Komfort.[74] Die Automobilhersteller differenzieren sich vorwiegend durch das Markenimage, die Produkt- und Preispositionierung sowie die jeweiligen Kernkompetenzen.

4.2 Einordnung der Informationstechnologie als Geschäftsprozess

Um die Informationstechnologie als Geschäftsprozess einordnen zu können, sollen die wesentlichen Begriffe eingangs definiert werden. Grundsätzlich stellt die Informations- technologie oder auch Informationstechnik (IT) ein fundamentales Bindeglied zwischen der klassischen Elektrotechnik und der Information dar.[75] Laut Definition umfasst die Informationstechnologie „[...] alle Prinzipien, Methoden und Mittel der Bereitstellung, Verarbeitung, Übermittlung und Verwendung von Informationen sowie der Gestaltung und Nutzung von Informationssystemen.[76]

Näher erläuternd „[...] besteht [der Begriff des Geschäftsprozesses] aus der funktions- und organisationsüberschreitenden Verknüpfung wertschöpfender Aktivitäten, die von Kunden erwartete Leistung zu erzeugen und die aus der Geschäftsstrategie abgeleitete Prozessziele umzusetzen"[77]. Zusammenfassend konzentriert sich die IT demnach als Geschäftsprozess auf die wertschöpfenden Aktivitäten im Umgang mit Informationen und deren Informations- systemen.

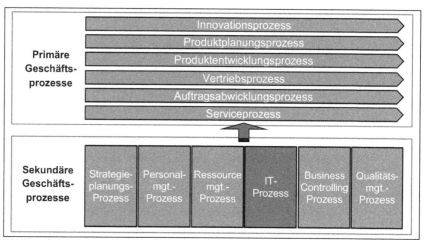

Abbildung 8: Primäre und Sekundäre Geschäftsprozesse
(in Anlehnung an Schmelzer/Sesselmann 2004)

---

[74] Vgl. Bernhart/Zollenkamp 2011, S. 278
[75] Vgl. Holzinger 2002, S.12
[76] Vgl. Voß URL:http://iwi.econ.uni-hamburg.de/IWIWeb/Uploads/Lecture/IM/IM WS0506 Folien 08.pdf [Stand: 23.12.2013]
[77] Vgl. Schmelzer/Sesselmann 2010, S.63

Die in Abbildung 8 dargestellten primären Geschäftsprozesse beziehen sich grundsätzlich auf die Beschaffung des benötigten Inputs, die Produktion, die durchgehende Lagerung oder die Vermarktung des Outputs.[78] Sekundäre Geschäftsprozesse, wie auch die Informationstechnologie, unterstützen die primären Geschäftsprozesse oder übernehmen deren Lenkung oder Steuerung.[79] Im vorhergehend erläuterten Geschäftsmodell der Automobilindustrie unterstützt die Informationstechnologie demnach alle primären Geschäftsprozesse, die die Beschaffung, Produktion und den Vertrieb der Fahrzeuge gewährleisten. Die Informationssysteme sind in diesem Kontext häufig in die primären Geschäftsprozesse eingebunden und unterstützen diese entlang der gesamten Prozesskette.[80] Wichtig ist, in diesem Zusammenhang zu berücksichtigen, dass die IT folglich als Geschäftsprozess im Unternehmen des Automobilherstellers verstanden und primär nicht durch die Informationstechnologie in einem speziellen Produkt des Unternehmens dargestellt wird.

4.3 Wichtige Erfolgsfaktoren im Rahmen einer IT-Outsourcing-Entscheidung

Entscheidet sich das Unternehmen, die Möglichkeit zur Auslagerung der Informationstechnologie als sekundären Geschäftsprozess zu verfolgen, so müssen im Rahmen des gesamten Geschäftsmodelles bedeutende Anforderungen in Form von Erfolgsfaktoren festgelegt werden. Die Make-or-Buy Entscheidung des Unternehmens wird von diesen Faktoren grundlegend bestimmt. Im folgenden Abschnitt sollen diese wichtigen Erfolgsfaktoren daher für Unternehmen der Automobilindustrie und im spezifischen Kontext des IT-Outsourcings definiert werden. Auf der Subbranchenebene der Automobilindustrie existieren neben Automobilherstellern und -zulieferern auch Unternehmen für Handel und Dienstleistungen.[81] Im weiteren methodischen Vorgehen der Arbeit werden die Unternehmen der Automobilbranche auf die OEMs und Zulieferer eingegrenzt, da sich diese hauptsächlich mit der Automobilproduktion beschäftigen.[82] Die Operationalisierung der Händler und Dienstleister als Subbranche umfasst wesentliche Unterschiede, wodurch sich auch die spezifischen Anforderungen der Subbranche von denen der Hersteller und Zulieferer differenzieren.[83]

Aufgrund der Globalisierung und weltweiten Arbeitsteilung ist, wie in der Einführung beschrieben, der Kostendruck auf die Unternehmen der Automobilindustrie gestiegen. Diese Entwicklung hat zur Folge, dass es „in allen Branchensegmenten der [...] Automobilindustrie

---

[78] Vgl. Schmalen/Pechtl, S.8
[79] Vgl. ebd.
[80] Vgl. Wildemann 2013, S.246
[81] Vgl. Seiter/Geiger/ Beckemeier 2010, S.6 f.
[82] Vgl. ebd.
[83] Vgl. ebd.

oberste Priorität in der Geschäftsstrategie [ist], Kosten weiter zu reduzieren und die Effizienz weiter zu steigern"[84]. Die Unternehmen der Automobilbranche, wie auch der Hersteller BMW, forcieren aufgrund dessen zunehmend die Auslagerung selektiver Geschäftsprozesse, wie auch die IT, als eine Möglichkeit der Kostenreduzierung.[85] Eine grundlegende Anforderung beim Outsourcing der Informationstechnologie und damit ein wichtiger Erfolgsfaktor sind die **Kosten**, insbesondere deren Reduzierung durch die Auslagerung.

Der technologische Fortschritt gilt als ein Treiber im Hinblick auf die Weiterentwicklung der Automobilindustrie.[86] Im aktuellen zeitlichen Bezug ist die Branche einem hohen Innovationsdruck ausgesetzt.[87] Die Unternehmen steigerten infolgedessen die IT-Budgets im letzten Jahr mit dem Ziel IT-seitige Innovationen umzusetzen.[88] Ein praktisches Beispiel sind die gestiegenen Anforderungen hinsichtlich der Möglichkeit, potenzielle Zielkunden aufgrund maßgeschneiderter Lösungen im Bereich CRM oder BI noch effizienter und zielgerichteter anzusprechen.[89] Gleichzeitig können neue Themenfelder wie Social-Collaboration, Social Media und Industrie 4.0 durch einen spezialisierten IT-Dienstleister bedient und dadurch der Technologiegrad der Informationstechnologie erhöht werden. Befindet sich ein Automobilkonzern demzufolge in einer Make-or-Buy Entscheidung im Rahmen des IT-Outsourcings, so wird der **technologische Fortschritt** als wichtiger Erfolgsfaktor einbezogen.

Die Erschließung neuer Wettbewerbsvorteile strukturiert aufgrund des zunehmenden Wettbewerbes ein weiteres Ziel der in der Automobilbranche tätigen Unternehmen.[90] Die „langfristige Sicherung des Geschäftserfolges"[91] wird hoch priorisiert, um diesbezüglich den eigenen Marktanteil zu sichern oder zu erweitern. Da die Generierung eines **Wettbewerbsvorteils** auch im ITO Szenario ein wesentliches Unternehmensziel der Automobilkonzerne darstellt, wird dieser Erfolgsfaktor im Rahmen der Definition eines Anforderungsprofils einbezogen.

Unter dem Hintergrund, dass ein großer Anteil der Wertschöpfung in der Automobilindustrie im Rahmen des Netzwerkes von Automobilherstellern und -zulieferern generiert wird, ist die

---

[84] Vgl. PAC 2013, S.37
[85] Vgl. Automobilwoche URL: http://www.automobilwoche.de/article/20130314/NACHRICHTEN/13031 9964/bmw-schlie%C3%9Ft-it-outsourcing-vertrag-mit-infosys#.UrHO44d97s4 [Stand: 22.12.2013]
[86] Vgl. Schneider 2011, S.35
[87] Vgl. PAC 2013, S.37
[88] Vgl. ebd., S.17
[89] Vgl. ebd., S.16
[90] Vgl. Wildemann 2013, S.244
[91] Vgl. PAC 2013, S.37

IT-Infrastruktur dementsprechend unternehmensübergreifend konzipiert.[92] Bei den meisten Automobilherstellern existiert eine Vielzahl von komplexen Leistungsschnittstellen zu den Partnern ihres Zuliefernetzwerkes.[93] Diese Schnittstellen beeinflussen die Leistung der Informationstechnologie als sekundären Geschäftsprozess der Automobilindustrie sowie den Gesamterfolg der Unternehmung. Aufgrund der hohen Bedeutung aktuell implementierter Schnittstellen und der Prognose, dass sich das Zuliefernetzwerk der Automobilkonzerne in den nächsten Jahren erweitern wird, stellt die *Erweiterbarkeit* demzufolge eine wichtige Anforderung an den IT-Outsourcing Partner in der Automobilbranche dar.

Bei der Fremdvergabe der Informationstechnologie ist die Gewährleistung der IT-Sicherheit, speziell des Daten- und Informationsschutzes, von sehr hoher Bedeutung.[94] Diese umfasst die Konzeption aller IT-Leistungen bis zur sicheren Anbindung von Außendienstmitarbeitern bzw. deren mobiler Endgeräte an das Unternehmensnetzwerk.[95] Insbesondere die Unternehmen der Automobilbranche sehen „den höchsten Handlungsbedarf im Bereich IT-Sicherheit, bei der Optimierung komplexer Infrastrukturen sowie beim Management mobiler Endgeräte.[96] Dies hat zur Folge, dass die *IT-Sicherheit* als ein wesentlicher Erfolgsfaktor beim IT-Outsourcing in der Automobilindustrie identifiziert werden kann.

Im Rahmen der aktuellen Herausforderungen des Automobilmarktes sehen sich die Unternehmen, wie bereits erläutert, mit einem steigenden Wettbewerbsdruck konfrontiert. Unter diesem Hintergrund versuchen sie ihre Wettbewerbsfähigkeit zu erhöhen, indem sie die grundlegende Effizienz in allen Unternehmensbereichen steigern.[97] Auch im IT-Bereich soll durch eine essentielle Leistungssteigerung der einzelnen IT-Services die Effizienz in der gesamten Produktentstehung erhöht werden.[98] Infolgedessen beschreibt die Steigerung der *Leistung* eine wesentliche Anforderung an den Outsourcing Partner und gleichzeitig einen wichtigen Erfolgsfaktor im Anwendungsfall eines IT-Outsourcings.

Die IT-Organisation eines OEMs wird auch an den Fahrzeugterminplänen gemessen, da die geforderten IT-Systeme termingerecht zu Betrieb und Wartung bereitstehen müssen.[99] Die Verfügbarkeit der IT-Services gilt „für eine reibungslose Prozessunterstützung als

---

[92] Vgl. Wildemann 2013, S.245
[93] Vgl. Schneider 2011, S.124
[94] Vgl. ebd.
[95] Vgl. PAC 2013, S.16
[96] Vgl. ebd., S.8
[97] Vgl. Fraunhofer-Institut für Sichere Informationstechnologie URL :http://www.fraunhofer-it-automotiv e-day.de/de/vortraege/it-in-der-automobilbranche-heute.html [Stand: 25.12.2013]
[98] Vgl. ebd.
[99] Vgl. Scheider 2011, S.123

unabdingbar".[100] Infolgedessen müssen sämtliche Störungen, die eine vertraglich bedingte Leistungserstellung des Automobilkonzerns beeinflusst, vermieden werden.[101] Die hohe Bedeutung der Verfügbarkeit der IT-Services wird dadurch unterstrichen, dass eine verspätete Produktentwicklung oder ein Systemausfall in der Automobilproduktion einen enormen wirtschaftlichen Schaden verursachen kann. Auf diesen Fakten basierend umfasst die **Verfügbarkeit** einen wesentlichen Erfolgsfaktor, wenn sich ein Automobilkonzern in der Make-or-Buy Entscheidung bezüglich des Outsourcings seiner Informationstechnologie befindet.

Aufgrund steigender Kundenanforderungen bezüglich der grundsätzlichen Flexibilität im Hinblick auf die Variantenvielfalt, Qualität und Services, verfolgen die Unternehmensstrategien der Automobilhersteller und -zulieferer die Erhöhung der Flexibilität, um besser und schneller auf sich ändernde Kundenanforderungen zu reagieren.[102] Im aktuellen Geschäftsfeld der Automobilbranche wird infolgedessen „eine hohe Reaktionsfähigkeit und Kapazitätsflexibilität bei kurzfristigem Änderungsmanagement oder kurzfristigen Produktionsschwankungen"[103] gefordert. Im betrachteten Szenario der Bachelorarbeit wird die **Flexibilität** daher als wichtiger Erfolgsfaktor hervorgehoben.

Zusammenfassend wurden in diesem Kapitel der Bachelorarbeit acht wichtige Erfolgsfaktoren für den Anwendungsfall des IT-Outsourcings in der Automobilbranche identifiziert. Die Erfolgsfaktoren beziehen sich zum einen auf grundlegende Anforderungen des vorher beschriebenen Geschäftsmodells der Automobilindustrie. Zum anderen wurden die Erfolgsfaktoren auch unter Berücksichtigung aktueller Herausforderungen im Automobilmarkt festgelegt und die derzeitigen strategischen Unternehmensziele der Automobilkonzerne in die Analyse integriert. In der durchgeführten Analyse wurden für das Anforderungsprofil die Faktoren EF1) Kosten, EF2) technologischer Fortschritt, EF3) Wettbewerbsvorteil, EF4) Erweiterbarkeit, EF5) Verfügbarkeit, EF6) IT-Sicherheit, EF7) Leistung sowie EF8) Flexibilität identifiziert. Im nächsten Kapitel sollen diese anhand ihrer jeweiligen Bedeutung im betrachteten Anwendungsfall gewichtet werden.

4.4 Gewichtung einzelner Erfolgsfaktoren

Um die im Rahmen der Bachelorarbeit fokussierte Nutzwertanalyse durchführen zu können, wird im Folgenden aus den acht festgelegten Erfolgsfaktoren ein gewichtetes Anforderungsprofil erstellt. Die Gewichtung wird auf einer Skala zwischen 1 und 10 vorgenommen, wobei 1 diesbezüglich eine sehr niedrige und 10 eine sehr hohe Bedeutung

---

[100] Vgl. Scheider 2011, S.123
[101] Vgl. ebd.
[102] Vgl. PAC 2013, S.11
[103] Vgl. Wildemann 2013, S.245

darstellt. Die Bewertung 5 beschreibt nach definierter Skala eine mittlere Bedeutung des Erfolgsfaktors im Anforderungsprofil.

EF1: Kosten

Aufgrund des aktuell starken Wettbewerbsdrucks in der Automobilbranche wird die Form des Outsourcings vor allem als eine Möglichkeit zur Kostenreduzierung forciert. Das Outsourcing der Informationstechnologie als sekundären Geschäftsprozess bietet dem auslagernden Unternehmen die Möglichkeit, die IT-Kosten langfristig zu senken und transparenter zu gestalten. Darüber hinaus können die Kosten aufgrund des vertraglich vereinbarten Preismodells flexibel gesteuert und das Kostenrisiko auf den Outsourcing Partner übertragen werden. Auf Basis dieser strategisch sehr bedeutenden Vorteile für den gesamten Unternehmenserfolg wird der Erfolgsfaktor Kosten mit 10 bewertet.

EF2: Technologischer Fortschritt

Die Automobilhersteller und -zulieferer sind im aktuellen Zeitkontext einem hohen Innovationsdruck ausgesetzt, weshalb vor allem IT-seitige Innovationen umgesetzt werden sollen.[104] Aufgrund der enormen Vernetzung bestehender IT-Infrastrukturen innerhalb der Produktionskette zielen die Unternehmen auf eine Konsolidierung und Harmonisierung der IT-Landschaft ab.[105] Der Erhöhung des Technologiegrades der IT wird demzufolge eine große Bedeutung zugesprochen, da diese durch die prozessübergreifende Vernetzung eine enorme Hebelwirkung bietet. Diese Möglichkeit kann auf Basis der Prozesstransformation im ITO umgesetzt werden. Der technologische Fortschritt umschreibt demnach einen Erfolgsfaktor mit hoher Bedeutung, weswegen dieser die Wertigkeit 8 erhält.

EF3: Wettbewerbsvorteil

Wie bereits im EF2 grundsätzlich genannt, sind besonders unter den Einflüssen der Globalisierung die Unternehmen der Automobilbranche in der aktuellen Situation einem hohen Wettbewerbsdruck ausgesetzt.[106] Dies hat zur Folge, dass die „langfristige Sicherung des Geschäftserfolges" mit einer hohen Priorität als fester Bestandteil der Unternehmens-strategie forciert wird.[107] Entscheidet sich ein Automobilkonzern für die Auslagerung der IT, so besteht ein wesentliches Unternehmensziel folglich in der Generierung eines langfristigen Vorteils im Marktwettbewerb. Da der Wettbewerbsvorteil jedoch kein alleinstehendes Ziel für die Durchführung eines IT-Outsourcings darstellt, wird der Erfolgsfaktor demnach mit der Wertigkeit 9 im Rahmen der Nutzwertanalyse in Kapitel 5 berücksichtigt.

---

[104] Vgl. PAC 2013, S.17
[105] Vgl. ebd., S.27
[106] Vgl. Wildemann 2013, S.244
[107] Vgl. PAC 2013, S.37

EF4: Erweiterbarkeit

Das Geschäftsmodell der Automobilindustrie formte in den letzten Jahren ein immer engeres Netzwerk zwischen den Herstellern und den jeweiligen Zulieferern. Die Just-in-Time Produktion (JIT) zielt darauf ab, die benötige Produktanzahl zu einer bestimmten Zeit bereitzustellen.[108] Diese Produktionsform impliziert, dass vor allem computerintegrierte Technologien (CIM) und weitere Informationssysteme eingesetzt werden, um notwendige Informationen entlang der Prozesskette zu verteilen und zu synchronisieren.[109] Insbesondere die IT-Systeme der Automobilindustrie müssen verschiedene Bereiche wie Marketing, Produktion und Zulieferer übergreifend verknüpfen, um für sämtliche Unternehmensbereiche eigene Entscheidungsmöglichkeiten bezüglich der produzierten Anzahl und Art zu gewährleisten.[110] Da das etablierte Geschäftsmodell der Automobilbranche diese übergreifende Vernetzung der verschiedenen IT-Systeme voraussetzt und eine Weiterentwicklung sowie Integration neuer Zulieferer in die IT-Landschaft den Geschäftserfolg wesentlich beeinträchtigt, ist eine grundlegende Erweiterbarkeit der IT-Prozesse und Systeme eine wichtige Anforderung. Für ein IT-Outsourcing in der Automobilindustrie wird der Erfolgsfaktor Erweiterbarkeit demzufolge mit der Wertigkeit 7 berücksichtigt.

EF5: Verfügbarkeit

Da die IT-Systeme der Automobilindustrie alle primären Geschäftsprozesse unterstützen und in diese, speziell im Produktionsprozess, fest integriert sind, ist deren dauerhafte Verfügbarkeit von enormer Bedeutung. Erleidet ein Automobilhersteller aufgrund eines Systemausfalles seines IT-Dienstleisters einen Produktionsausfall, so sind die diesbezüglichen Konsequenzen vertraglich vereinbart.[111] Grundsätzlich werden die Verfügbarkeiten sowie Konsequenzen der Nicht-Verfügbarkeit der einzelnen IT-Services in den SLAs (Service-Level-Agreements) und den OLAs (Operational-Level-Agreements) im Rahmen der Outsourcing Vertragsbasis festgehalten.[112] Möchte man an dieser Stelle der Verfügbarkeit als Erfolgsfaktor im IT-Outsourcing Case eine Wertigkeit zuordnen, so muss berücksichtigt werden, dass sowohl die Verfügbarkeiten als auch die Nicht-Verfügbarkeiten und deren Konsequenzen vertraglich abgedeckt werden. Da die Konsequenzen in Folge eines nicht-verfügbaren IT-Services jedoch nicht nur monetär abgedeckt werden können, wird der Erfolgsfaktor mit der Wertigkeit 5 in die Nutzwertanalyse einbezogen.

---

[108] Vgl. Monden 2012, S.xli
[109] Vgl. ebd.
[110] Vgl. ebd., S.xlii
[111] Vgl. Bernhard et al. 2003, S.58
[112] Vgl. ebd.

EF6: IT-Sicherheit

Aufgrund der hohen Anzahl von Schnittstellen und der weitreichenden Vernetzung der IT-Systeme bis zu den mobilen Endgeräten im Außendienst, besteht ein wichtiges strategisches Unternehmensziel in der Gewährleistung der informationstechnischen Sicherheit. „Bei den infrastrukturellen IT-Themen sehen die Befragten den höchsten Handlungsbedarf im Bereich IT-Sicherheit [...]."[113] Da dem Erfolgsfaktor IT-Sicherheit demnach eine hohe Bedeutung im Anforderungsprofil zugeteilt wird, diese jedoch keine Lösung im Hinblick auf die wichtigen aktuellen Marktherausforderungen darstellt, wird der IT-Sicherheit die Wertigkeit 6 zugeordnet.

EF7: Leistung

Im Blickfeld der aktuellen Marksituation der Automobilbranche besteht ein wesentliches Unternehmensziel in der Erhöhung der Leistungsfähigkeit, weshalb insbesondere die Performance der IT-Services gesteigert werden soll.[114] Eine Erhöhung der IT-Performance könnte aufgrund der Unterstützung vieler primärer Geschäftsprozesse einen wesentlichen Geschäftserfolg implizieren. Da die aktuellen Herausforderungen der Automobilindustrie jedoch primär auf eine Reduzierung der Kosten abzielen und die Erhöhung der IT-Leistung aktuell kein hochpriorisiertes Unternehmensziel beschreibt, wird der Erfolgsfaktor Leistung dementsprechend mit 4 bewertet.

EF8: Flexibilität

Sowohl Hersteller als auch Zulieferer müssen immer schneller auf zunehmende Änderungen der Kundenanforderungen reagieren, wodurch eine Steigerung der Flexibilität von Seiten der Unternehmensstrategie verfolgt wird. Im Fokus stehen hier Änderungen bezüglich Menge, Art und Umfang der erbrachten Leistungen. Vor allem im Bereich der Informationstechnologie ermöglicht die Form des Outsourcings dem Automobilunternehmen die eigene Flexibilität zu erhöhen. „Unternehmen profitieren von der Erfahrung, der Innovationskraft und der Umsetzungskompetenz des Dienstleisters und bekommen flexiblen Zugriff auf zusätzliche Ressourcen."[115] Aufgrund der aktuellen Marktsituation steht der Flexibilität als Erfolgsfaktor im Outsourcing-Kontext eine mittlere bis hohe Bedeutung zu, da es die aktuellen Anforderungen des Marktes im IT-Bereich umsetzt. Infolgedessen wird dem Erfolgsfaktor Flexibilität die Wertigkeit 6 zugeordnet.

---

[113] Vgl. PAC 2013, S.8
[114] Vgl. Fraunhofer-Institut für Sichere Informationstechnologie URL :http://www.fraunhofer-it-automoti ve-day.de/de/vortraege/it-in-der-automobilbranche-heute.html [Stand: 25.12.2013]
[115] Vgl. BITKOM 2004, S.6

5. Evaluation der Entscheidungsmodelle

Die Entscheidungsmodelle geben zwar eine Empfehlung für eine Make-or-Buy Entscheidung im allgemeinen Outsourcing Bereich, diese ist aber branchen- und themenübergreifend. Nachdem die individuellen Erfolgsfaktoren für das IT-Outsourcing in der Automobilindustrie im vorhergehenden Kapitel identifiziert und einzeln gewichtet wurden, sollen die vier beschriebenen Entscheidungsmodelle daher anhand der jeweiligen Berücksichtigung des definierten Anforderungsprofils evaluiert werden. Die anschließende Aufstellung der Nutzwertanalyse soll finalisierend die Frage beantworten, welches der theoretischen Entscheidungsmodelle in diesem spezifischen Kontext die Anforderungen der Automobil-industrie bestmöglich abdeckt, um eine abschließende Modellempfehlung in diesem Anwendungsfall auszusprechen.

5.1 Bewertung einzelner Entscheidungsmodelle auf Basis der Erfolgsfaktoren

In diesem Abschnitt der Bachelorarbeit sollen die vier beschriebenen theoretischen Entscheidungsmodelle anhand ihrer Berücksichtigung der definierten Erfolgsfaktoren bewertet werden. Hier wird ebenso eine Skala zwischen 0 und 10 verwendet, wobei die Wertigkeit 10 eine vollumfängliche Berücksichtigung des Erfolgsfaktors bedeutet. Die Wertigkeit 5 bedeutet eine mittlere bzw. teilweise Berücksichtigung. Wenn der Erfolgsfaktor nicht im Entscheidungsmodell einbezogen wird, erhält der Erfolgsfaktor die Wertigkeit 0.

„Competitive Advantage vs. Strategic Vulnerability" nach Quinn & Hilmer

Das Entscheidungsmodell von *Quinn* und *Hilmer* lässt grundsätzlich zwei Faktoren in die Make-or-Buy Entscheidung einfließen: einerseits die Generierung des Wettbewerbsvorteils, andererseits aber auch die Schadensanfälligkeit des Geschäftsprozesses. Der Wettbewerbsvorteil, welcher zuvor als ein wichtiger Erfolgsfaktor hervorgehoben wurde, wird danach in diesem Modell vollständig und dementsprechend mit der Wertigkeit 10 berücksichtigt. Die im Modell einbezogene Schadensanfälligkeit umfasst sowohl die IT-Sicherheit als auch die Verfügbarkeit als Erfolgsfaktoren. Aufgrund dessen werden diese beiden Erfolgsfaktoren teilweise aber nicht vollständig berücksichtigt. Sie werden schlussfolgernd mit der Wertigkeit 7 in die Nutzwertanalyse einfließen. Die branchenspezifischen Anforderungen in den Bereichen technologischer Fortschritt, Erweiterbarkeit, Leistung und Flexibilität werden im Entscheidungsmodell von *Quinn* und *Hilmer* nicht einbezogen, wodurch sie mit der Wertigkeit 0 versehen werden.

Die „Outsourcing Decision Matrix" nach McCormick & Duff

Die „Outsourcing Decision Matrix" von *McCormick* und *Duff* konzentriert zum einen die Kernkompetenz eines Geschäftsprozesses, zum anderen aber auch die Prozesskosten im Hinblick auf eine allgemeine Outsourcing Make-or-Buy Entscheidung. Analysiert man in diesem Zusammenhang die definierten Entscheidungsfaktoren genauer, so lässt sich feststellen, dass die Kosten als grundlegender Faktor in der Matrix integriert sind. Da der Erfolgsfaktor in vollem Umfang einbezogen wird, erhält dieser die Wertigkeit 10. Unter dem Bereich der Kernkompetenz fließen mehrere Faktoren in die Bewertung der Make-or-Buy Entscheidung ein. Die Kernkompetenz eines Geschäftsprozesses beschreibt die materiellen und immateriellen Ressourcen sowie Fähigkeiten, die entlang der Prozesskette eingebracht werden und einen hohen Wettbewerbsvorteil und Kundennutzen implizieren.[116] Diese Ressourcen und Fähigkeiten beeinflussen vorwiegend die Leistung, Verfügbarkeit und Sicherheit des IT-Prozesses. Teilweise sind auch Erweiterbarkeit und Flexibilität der IT-Leistungen von der enthaltenen Kernkompetenz abhängig. Die Erfolgsfaktoren Leistung, Verfügbarkeit und Sicherheit werden in der „Outsourcing Decision Matrix" nur im übergeordneten Bereich der Kernkompetenz berücksichtigt und erhalten daher die Wertigkeit 3. Die Anforderungen bezüglich der Erweiterbarkeit sowie der Flexibilität sind nur zu einem geringen Teil in der Entscheidungsmatrix von *McCormick* und *Duff* integriert und erhalten dementsprechend die Wertigkeit 2. Aufgrund der Nicht-Berücksichtigung werden die Erfolgsfaktoren Wettbewerbsvorteil sowie technologischer Fortschritt mit 0 bewertet.

Der „Make or Buy Decision Process" nach Bajec & Jakomin

Der Entscheidungsprozess von *Bajec* und *Jakomin* basiert im Wesentlichen auf zwei Bereichen. Einerseits werden die Kosten im Falle des „Make" or „Buy" Szenarios evaluiert, diese andererseits aber auch in Beziehung zu den jeweiligen Leistungen gesetzt. Im Kontext des IT-Outsourcings der Automobilindustrie wird der etablierte sekundäre Geschäftsprozess der Informationstechnologie demnach auf Basis der IST-Kosten sowie der entstehenden Kosten durch die Auslagerung des Geschäftsprozesses bewertet und anschließend die IST-Leistungen und die möglichen Leistungen des IT-Dienstleisters in ein Verhältnis gesetzt. Grundsätzlich strukturieren die zwei Dimensionen einen Preis-/Leistungsvergleich auf Geschäftsprozessebene. Die festgelegten Erfolgsfaktoren Kosten und Leistungen werden dementsprechend in vollem Umfang berücksichtigt und erhalten die Wertigkeit 10 in Bezug auf die Nutzwertanalyse. Andere Faktoren werden nicht in das Modell einbezogen und demzufolge mit der Wertigkeit 0 versehen.

---

[116] Vgl. Homp 2000, S.9

Das „Strategic Sourcing Model" nach Welch & Nayak

Das bereits beschriebene „Strategic Sourcing Model" von *Welch* und *Nayak* bezieht drei Dimensionen in die Bewertung einer Make-or-Buy Entscheidung ein. Diese sind die Technologie des Prozesses, der industrieübergreifende Reifegrad sowie die Prozesstechnologie im Vergleich zum Wettbewerb. Fokussiert man das Entscheidungsmodell unter Berücksichtigung der definierten Erfolgsfaktoren, so fließt der technologische Fortschritt und der Wettbewerbsvorteil in vollem Umfang in die Make-or-Buy Entscheidung ein. Die Erfolgsfaktoren werden diesbezüglich mit der Wertigkeit 10 versehen. Unter der Annahme, dass eine Änderung der Prozesstechnologie auch einen Einfluss auf die grundlegende Leistungsfähigkeit des IT-Prozess besitzt, kann geschlussfolgert werden, dass auch andere Erfolgsfaktoren mit sehr geringer Bedeutung einbezogen werden. Die Erweiterbarkeit, Verfügbarkeit, IT-Sicherheit, Leistung und Flexibilität eines IT-Services wird von der Prozesstechnologie beeinflusst, weshalb diese Faktoren mit einer geringen Wertigkeit von 1 bewertet werden. Im Entscheidungsmodell von *Welch* und *Nayak* bleiben jedoch die Kosten als Erfolgsfaktor unberücksichtigt.

5.2 Aufstellung der Nutzwertanalyse

Im vorhergehenden Verlauf der wissenschaftlichen Arbeit wurden acht wesentliche Erfolgsfaktoren für den ITO-Kontext in der Automobilbranche identifiziert und gewichtet. In Kombination mit den Bewertungen anhand der Berücksichtigung der einzelnen Faktoren in den Entscheidungsmodellen soll nun eine Nutzwertanalyse aufgestellt werden, welche die vier beschriebenen Modelle einheitlich bewertet:

Erfolgsfaktor			Entscheidungsmodelle						
ID	Bezeichnung	Wertig-keit (W)	„Competitive Advantage vs. Strategic Vulnerability"		„Outsourcing Decision Matrix"		„Make or Buy Decision Process"		„Strategic Sourcing Model"	
			Bew.	Bew.*W	Bew.	Bew.*W	Bew.	Bew.*W	Bew.	Bew.*W
EF1	Kosten	10	0	0	10	100	10	100	0	0
EF2	Tech. Fortschritt	8	0	0	0	0	0	0	10	80
EF3	Wettbew.-vorteil	9	10	90	0	0	0	0	10	90
EF4	Erweiterbarkeit	7	0	0	2	14	0	0	1	7
EF5	Verfügbarkeit	5	7	35	3	15	0	0	1	5
EF6	IT-Sicherheit	6	7	42	3	18	0	0	1	6
EF7	Leistung	4	0	0	3	12	10	40	1	4
EF8	Flexibilität	6	0	0	2	12	0	0	1	6
Summe			24	167	23	171	20	140	25	198

Abbildung 9: Nutzwertanalyse der Entscheidungsmodelle

Die in Abbildung 9 dargestellte Nutzwertanalyse enthält einerseits die in Kapitel 4 identifizierten Erfolgsfaktoren (Spalte 1,2) mit den jeweiligen Wertigkeiten für den spezifischen Outsourcing Case (Spalte 3). Andererseits fließen auch die Bewertungen der einzelnen Entscheidungsmodelle aus Kapitel 5 in die Nutzwertanalyse ein (Spalte 4,6,8,10). Die Produkte aus den Faktorwertigkeiten und deren Bewertungen anhand der jeweiligen Berücksichtigung im Entscheidungsmodell bilden die Grundlage für einen einheitlichen Vergleich aller Entscheidungsmodelle (Zeile „Summe"). Die in Abbildung 9 dargestellte Nutzwertanalyse wird im folgenden Abschnitt ausgewertet und die Ergebnisse anschließend interpretiert.

5.3 Auswertung und Interpretation der Ergebnisse

Möchte man eingehend einen Überblick über die Gewichtung der einzelnen Erfolgsfaktoren aufstellen, so kann festgestellt werden, dass die Kosten - gefolgt vom Wettbewerbsvorteil - die bedeutendsten Faktoren beim IT-Outsourcing in der Automobilindustrie darstellen. Auch der technische Fortschritt und die Erweiterbarkeit weisen eine hohe Bedeutung für die Automobilindustrie auf. Eine mittlere Bedeutung wird den Erfolgsfaktoren Verfügbarkeit, IT-Sicherheit, Leistung und Flexibilität zugeteilt.

Grundlegend wurden alle acht identifizierten Erfolgsfaktoren in die Make-or-Buy Entscheidungsmodelle einbezogen. Konzentriert man die Bewertung der einzelnen Modelle nach der Berücksichtigung der identifizierten Erfolgsfaktoren, so kann festgestellt werden, dass durchschnittlich 4,5 verschiedene Faktoren in die Entscheidungsmodelle einfließen. Von den acht in Abbildung 10 dargestellten Faktoren für das spezifische Anforderungsprofil der Automobilindustrie, wurden demzufolge durchschnittlich 56% je Entscheidungsmodell berücksichtigt. Wird in diesem Zusammenhang der Umfang bezüglich der Berücksichtigung einzelner Erfolgsfaktoren fokussiert, so lässt sich aussagen, dass durchschnittlich 33% der einbezogenen Faktoren vollständig und 67% nur teilweise in ein Entscheidungsmodell integriert sind. Aus Abbildung 10 kann weiterhin abgeleitet werden, dass es innerhalb der Entscheidungsmodelle keinen klar dominierenden Erfolgsfaktor gibt, die Faktoren werden von der Anzahl nahezu gleichmäßig berücksichtigt. Unter dem Einfluss des Umfangs der jeweiligen Berücksichtigung stechen jedoch die Erfolgsfaktoren Kosten und Wettbewerbs-vorteil in Abbildung 10 hervor, wohingegen die Flexibilität sowie Erweiterbarkeit mit einer vergleichsweise sehr geringen Bedeutung beinhaltet sind.

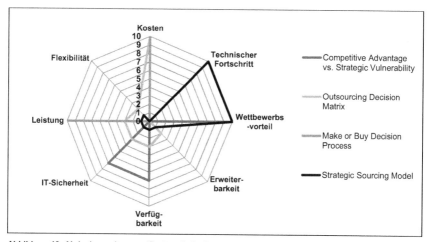

Abbildung 10: Abdeckung des spezifischen Anforderungsprofils der Automobilindustrie

Auf Basis der Gewichtung einzelner Erfolgsfaktoren sowie der Bewertung derer Berücksichtigung in den jeweiligen Modellen erhält der „Make or Buy Decision Process" von *Bajek* und *Jakomin* die geringste Punktzahl mit 140. Die „Outsourcing Decision Matrix" nach *McCormick* und *Duff* erzielt die zweit geringste Punktzahl in Höhe von 159. Das Entscheidungsmodell von *Quinn* und *Hilmer* „Competitive Advantage vs. Strategic Vulnerability" wird mit der zweit höchsten Punktzahl von 167 bewertet. Nach Aufstellung der Nutzwertanalyse erhält das „Strategic Sourcing Model" von *Welch* und *Nayak* mit 198 Punkten die höchste Bewertung. Dieses Ergebnis wird auch in Abbildung 10 verdeutlicht, in der das „Strategic Sourcing Model" den höchsten Flächeninhalt erzielt. Von 550 möglichen Punkten erreichen die Modelle, welche die Make-or-Buy Entscheidung im allgemeinen Outsourcing Bereich unterstützen sollen, zwischen 140 und 198 Punkten.

Möchte man die Ergebnisse der Nutzwertanalyse interpretieren, so kann an dieser Stelle die Aussage getroffen werden, dass das „Strategic Sourcing Model" von *Welch* und *Nayak* von den vier Entscheidungsmodellen die Anforderungen der Automobilindustrie im ITO-Kontext am umfangreichsten und damit auch am besten berücksichtigt. Steht ein Automobilkonzern demzufolge vor der finalen Entscheidung, die IT als sekundären Geschäftsprozess auszulagern oder selbst bereitzustellen, so sollte unter den Entscheidungsmodellen das „Strategic Sourcing Model" zur Unterstützung verwendet werden. Da das Modell jedoch die Kosten als wichtigste Anforderung in diesem spezifischen Umfeld nicht involviert, sollten diese unbedingt in die finale Entscheidung einfließen.

Das „Strategic Sourcing Model" bezieht im Vergleich zu den anderen Entscheidungs-modellen sieben von acht der identifizierten Anforderungsfaktoren in die Make-or-Buy Entscheidung ein, wenngleich auch durch den umfassenden Begriff und die Tragweite der Technologie innerhalb eines Prozesses eine Vielzahl anderer Faktoren impliziert wird. Darüber hinaus beinhaltet das Entscheidungsmodell sechs essentielle Handlungs-empfehlungen für die Make-or-Buy Entscheidung, was im Gegensatz zu den anderen drei Modellen, deutlich die höchste Granularität umfasst. Die Handlungsempfehlungen wurden nicht innerhalb der Nutzwertanalyse beachtet, sind aber ein weiterer wichtiger Vorteil im Rahmen der praktischen Anwendung.

5.4 Kritische Ergebnisbetrachtung

Um die Objektivität der erzielten Ergebnisse im Rahmen der Bachelorarbeit zu gewährleisten, sollen diese anhand einer kritischen Betrachtung relativiert werden.

Aufgrund des limitierten Umfangs wurden die vier wesentlichen Entscheidungsmodelle mit einem allgemeinen Outsourcing Fokus in die wissenschaftliche Arbeit einbezogen. Da in der Wissenschaft jedoch noch weitere Modelle, wie beispielsweise das Entscheidungsmodell von *Venkatesan* existieren, besteht die Möglichkeit, dass eines der unberücksichtigten Modelle eine höhere Abdeckung des spezifischen Anforderungsprofil der Automobilindustrie erzielt und für die damit verbundene Make-or-Buy Entscheidung folglich besser geeignet sein könnte.[117]

Die im Rahmen der Nutzwertanalyse durchgeführte Bewertung der einzelnen Entscheidungsmodelle basiert auf den in Kapitel 4 identifizierten Erfolgsfaktoren. Diese wurden unter Berücksichtigung des Geschäftsmodells, der aktuellen Marktsituation sowie der allgemeinen Unternehmensstrategie für das spezifische IT-Outsourcing in der Automobil-industrie definiert. In Deutschland existieren 88 Hersteller und 1089 Zulieferer in der Automobilbranche, welche individuelle Strategien, Kompetenzen und Philosophien verfolgen und diese aufgrund des Wettbewerbsdruckes unter Umständen nicht publizieren.[118] Die in der Bachelorarbeit identifizierten Erfolgsfaktoren der Automobilindustrie können demzufolge keine exakte Abbildung aller weltweiten OEMs und Zulieferer umfassen. In diesem Bereich ist weiterhin davon auszugehen, dass das Anforderungsprofil aufgrund des hohen Marktumfanges der Automobilbranche eine deutliche Unschärfe zu einer individuellen Unternehmenssituation besitzt. Es kann demnach keine allgemeine Aussage getroffen werden, dass das „Strategic Sourcing Model" von Welch und Nayak im ITO Fokus grundsätzlich für alle Automobilhersteller und -zulieferer empfohlen werden kann.

---

[117] Vgl. Venkatesan 1992, S.98-102.
[118] Vgl. Seiter/Geiger/Beckemeier 2010, S. 10

Wenn man die Ergebnisse kritisch betrachtet, so muss in diesem Rahmen weiterführend eingebracht werden, dass die einbezogenen Entscheidungsmodelle durchschnittlich nur 4,5 der 8 identifizierten Erfolgsfaktoren integrieren. Des Weiteren erreicht das „Strategic Sourcing Model" von *Welch* und *Nayak* mit 198 Punkte zwar die höchste Bewertung, erfüllt mit seiner Bewertung von 550 möglichen Punkten gleichzeitig aber nur 36%. Aufgrund dessen kann geschlussfolgert werden, dass das Modell mit der höchsten Bewertung nur etwa ein Drittel der möglichen, gewichteten Anforderungen der Automobilindustrie abdeckt. Dies verdeutlicht damit, dass die Automobilhersteller und -zulieferer das „Strategic Sourcing Model" ausschließlich nur zur Unterstützung der Make-or-Buy Entscheidung verwenden sollen. Die Tragweite der Entscheidung zur Auslagerung der Informationstechnologie als Geschäftsprozess ist von enormer strategischer Bedeutung und sollte dementsprechend unter Berücksichtigung aller individuellen Erfolgsfaktoren getroffen werden.

6. Zusammenfassung & Ausblick

Möchte man an dieser Stelle die Ergebnisse der Bachelorarbeit zusammenfassen, so muss zu Beginn hervorgehoben werden, dass die Automobilindustrie in der aktuellen Marktsituation einem hohen Wettbewerbs- und Kostendruck ausgesetzt ist. Dies hat zur Folge, dass die Unternehmen ihren wirtschaftlichen Erfolg langfristig sichern wollen und infolgedessen die Bedeutung des IT-Outsourcings für die Automobilbranche im aktuellen Zeitkontext sehr hoch ist. Das in dieser Arbeit identifizierte branchenspezifische Anforderungsprofil für ein IT-Outsourcing umfasst acht wesentliche Erfolgsfaktoren, unter denen die Unternehmen aufgrund der aktuellen Marktsituation vor allem den Kosten und der Generierung eines Wettbewerbsvorteils die höchste Bedeutung zusprechen.

Unter den vier wesentlichen Modellen für die Make-or-Buy Entscheidung, welche im Rahmen der Bachelorarbeit eingehend analysiert wurden, berücksichtigt das „Strategic Sourcing Model" von *Welch* und *Nayak* das spezifische Anforderungsprofil der Automobilbranche am umfangreichsten. Das Entscheidungsmodell integriert grundsätzlich sieben der acht definierten Faktoren, wenngleich auch durch den umfassenden Begriff und die Tragweite der Technologie innerhalb eines Prozesses eine Vielzahl anderer Faktoren impliziert wird.

Befindet sich ein Automobilhersteller oder -zulieferer vor der Entscheidung, die IT als sekundären Geschäftsprozess durch Eigen- oder Fremdbezug bereitzustellen, so sollte das „Strategic Sourcing Model" von den vier betrachteten Modellen zur Unterstützung der Make-or-Buy Entscheidung herangezogen werden. In diesem Zusammenhang ist jedoch gleichzeitig zu berücksichtigen, dass das Modell trotz höchster Punktbewertung in Bezug auf die Nutzwertanalyse nur etwa ein Drittel der möglichen Punkte erreicht. Aufgrund der hohen Bedeutung und Tragweite der strategischen Make-or-Buy Entscheidung und der geringen Abdeckung des Anforderungsprofils durch die wissenschaftlichen Entscheidungsmodelle wird empfohlen, die Modelle ausschließlich zur Entscheidungsunterstützung zu verwenden. Den Unternehmen kann diesbezüglich die Empfehlung ausgesprochen werden, alle ihre individuell aufgestellten und gewichteten Faktoren möglichst vollständig in die finale Entscheidung einzubeziehen.

Die im Rahmen der Bachelorarbeit aufgestellte These, dass die Erfolgsfaktoren grundsätzlich je Branche und Outsourcing-Kontext variieren, kann aufgrund der methodischen Vorgehensweise dahingehend beantwortet werden, dass die einzelnen Erfolgsfaktoren im Rahmen dieser Arbeit vorwiegend von der Marktsituation, dem Geschäftsmodell und den damit verbunden IT-spezifischen Anforderungen beeinflusst worden sind. Ändern sich unter diesem Hintergrund die Branche und der Outsourcing Case (z.B. HR-Outsourcing in der IT-Branche), müsste folglich eine individuelle Analyse der Branchen- und Themenspezifika durchgeführt werden, bei der sich die Ergebnisse von den speziellen Analyseergebnissen der Bachelorarbeit differenzieren. Die Erfolgsfaktoren variieren demzufolge je Branche und Outsourcing-Kontext, wodurch die in der Einführung aufgestellte These anhand der methodischen Vorgehensweise belegt werden kann.

Im Hinblick auf die weitere Entwicklung der Automobilbranche kann eine steigende Bedeutung des IT-Outsourcings prognostiziert werden. Aufgrund des hohen Wettbewerbs- und Kostendrucks werden sich die OEMs und Zulieferer zunehmend mit der Möglichkeit des ITO beschäftigen.[119] Ein wesentlicher Treiber für diese Entwicklungsprognose besteht im Segment Cloud Computing, für welches ein starkes Wachstum in den nächsten fünf Jahren vorausgesagt wird.[120] Demzufolge wird die Anzahl der Unternehmen der Automobilindustrie steigen, die dem Beispiel von BMW folgen und das Potenzial des IT-Outsourcings analysieren, um ihren langfristigen Geschäftserfolg sichern zu können. Es ist weiterhin davon auszugehen, dass sich mit dem steigenden IT-Outsourcing Umfang der Automobilindustrie, auch das branchenspezifische Know-how der IT-Dienstleister erhöht. Langfristig wird daher, wie in Kapitel 2.1.2 beschrieben, sowohl die Qualität als auch Standardisierung der von den IT-Dienstleistern bereitgestellten Services im Automobilumfeld steigen.

---

[119] Vgl. PAC 2013, S.37
[120] Vgl. BITKOM URL: http://www.bitkom.org/de/markt_statistik/64086_68151.aspx [Stand: 17.12.2013]

Quellenverzeichnis

Arbeitskreis Langfristige Unternehmensplanung (1977): Strategische Planung. In: Zeitschrift für betriebswirtschaftliche Forschung 29. Düsseldorf: Fachverlag der Verlagsgruppe Handelsblatt GmbH.

Bajek, P./Jakomin, I. (2010): A Make-or-Buy Decision Process for Outsourcing. URL: http://hrcak.srce.hr/file/122098 [Stand: 02.12.2013].

Bernhard, M./Mann, H./Lewandowski, W./Schrey, J. (2003): IT-Outsourcing und Service Management. Praxisbeispiele-Strategien-Werkzeuge. Düsseldorf: Symposion Publishing GmbH.

Bernhart, W./Zollenkamp, M. (2011): Geschäftsmodellwandel in der Automobilindustrie – Determinanten, zukünftige Optionen, Implikationen. In: Innovative Geschäftsmodelle. Heidelberg: Springer Verlag.

Biethahn, J./Mucksch, H./Ruf, W. (1996): Ganzheitliches Informationsmanagement. 4. Auflage. München: R. Oldenburg Verlag.

BITKOM (2004): Positionspapier IT-Outsourcing. Outsourcing als Chance für den Standort Deutschland. URL: http://www.bitkom.org/files/documents/BITKOM_Positionspapier_IT-Outsourcing.pdf [Stand: 02.12.2013].

Duening, T.N./Click R.L. (2005): Essentials of Business Process Outsourcing. URL: http://www.csbdu.in/pdf/Essentials of Business Process Outsourcing.pdf [Stand: 20.12.2013].

Ebert, G. (2011): Praxis der Unternehmenssteuerung. München: Oldenbourg Wissenschaftsverlag.

Gartner (2012): Market Share Analysis: IT Outsourcing Services, Worldwide, 2012. URL: https://www.gartner.com/doc/2470615 [Stand: 02.12.2013].

Gälweiler, A. (2005): Strategische Unternehmensführung. 3. Auflage. Frankfurt am Main: Campus Verlag.

Greaver, M. (1999): Strategic Outsourcing. A Structured Approach to Outsourcing Decisions and Initiatives. New York: Amacom.

Hätönen, J. (2008): Managing the Process of Outsourcing. Examining the process of outsourcing product-development activities in software firms. URL: http://info.tse.fi/julkaisut /vk/Ae8_2008.pdf [Stand: 05.12.2013].

Heinen, E. (1968): Betriebswirtschaftliche Entscheidungsmodelle in Einführung in die Betriebswirtschaftslehre. Wiesbaden: Gabler Verlag.

Heinen, E. (1976): Grundlagen betriebswirtschaftlicher Entscheidungen. Das Zielsystem der Unternehmung. 3. Auflage. Wiesbaden: Gabler Verlag.

Hinterhuber, H. (1982): Wettbewerbsstrategie. Berlin, New York: Walter de Gruyter & Co.

Hollekamp, M. (2005): Strategisches Outsourcing von Geschäftsprozessen. Eine empirische Analyse der Wirkungszusammenhänge und der Erfolgswirkungen von Outsourcingprojekten am Beispiel von Großunternehmen in Deutschland. URL: http://www.onleihe.de/static/ content/rainerhampp/20080529/9783879889457/v9783879889457.pdf [Stand: 02.12.2013].

Holzinger, A. (2002): Basiswissen IT/Informatik: das Basiswissen für die Informationsgesellschaft des 21. Jahrhunderts. Würzburg: Vogel Business Media.

Homp, C. (2000): Aufbau von Kernkompetenz: Ablauf und Vorgehen. In: Die Ressourcen- und Kompetenzperspektive des strategischen Managements. Wiesbaden: Deutscher Uni.-Verlag.

Krcmar, H. (2003): Informationsmanagement. 3.Auflage. Berlin, Heidelberg, New York: Springer-Verlag.

Laux, H./Gillenkirch, R.M./Schenk-Mathes, H. (2012): Entscheidungstheorie. 8. Auflage. Wiesbaden: Springer-Verlag.

Lowe, P. (1995): The Management of Technology. Cornwall: Chapman & Hall.

Lux, W./Schön, P. (1997): Outsourcing der Datenverarbeitung. Berlin, Heidelberg, New York: Springer-Verlag.

McCormick, T./Duff, D. (2009): Strategic Cost Reduction. Cutting Costs without Killing your Business. Longford: Turner Print Group.

Mercer Management/Fraunhofer Institut (2003): Die neue Arbeitsteilung in der Automobilindustrie. URL: http://www.presseportal.ch/de/pdf/100470221-studie-von-mercer-und-fraunhofer-institut-die-neue-arbeitsteilung-in-der.pdf [Stand: 22.12.2013].

Monden, Y. (2012): Toyota Production System: An Integrated Approach to Just-In-Time. 4. Auflage. Broken: CRC Press.

Nielsen, L. B. (2013): New directions for research on outsourcing decision-making. In: The Routledge companion to cost management. London: Routledge.

Öncü, A./Oner, A./Basoglu, N. (2003): „Make or Buy" Analysis for Local manufacture or Import Decisions in Defense System Procurements Using AHP: The Case of Turkey. URL: http://www.maoner.com/2003_14_11Make-Buy Anlyss.PDF [Stand: 05.12.2013].

PAC (2013): IT-Trends in der Automobilindustrie – Spezifische IT-Anforderungen und Investitionspläne in Deutschland. URL: https://www.pac-online.com/download/7212/121174 [Stand: 15.12.2013].

Pfaller, R. (2012): IT-Outsourcing-Entscheidungen. Analyse von Einfluss- und Erfolgsfaktoren für auslagernde Unternehmen. Wiesbaden: Springer Verlag.

Schmalen, H./Pechtl, H. (2009): Grundlagen und Probleme der Betriebswirtschaft.14. überarbeitete Auflage. München: Beck Verlag.

Schmelzer, J.H./Sesselmann, W. (2010): Geschäftsprozessmanagement in der Praxis. München: Hanser Verlag.

Schneider, K. (2011): Modernes Sourcing in der Automobilindustrie. Wiesbaden: Springer Verlag.

Seiter, M./Geiger, R./Beckermeier, P. (2010): Möglichkeiten und Grenzen einer Verbesserung der Wettbewerbssituation der Automobilindustrie durch Abbau von branchenspezifischen Kosten aus Informationssicht. URL: http://www.bmwi.de/BMWi/Redakti on/PDF/Publikationen/Studien/abschlussberichtbuerokratiekostensenkungautomobilindustrie -kurzfassung,property=pdf,bereich=bmwi2012,sprache=de,rwb=true.pdf [Stand: 20.12.2013].

Sonderquist, K. (2010): Strategic Outsourcing through Specifications. URL: http://hal. Archives-ouvertes.fr/docs/00/45/51/63/PDF/WPS_2000-n_7.pdf [Stand: 22.12.2013].

Quinn, J. B./Hilmer F. (1994): Strategic Outsourcing. Cambridge: MIT Sloan Management Review.

Venkatesan, R. (1992): Strategic sourcing: to make or not to make. In: Harvard Business Review. Boston: Harvard Business Publishing.

Welch, J.A./Nayak, P.R. (1992): Strategic Sourcing: A Progressive Approach to the Make or Buy Decision. New York: Academy of Management.

Wildemann, H. (2013): In- und Outsourcingstrategien in der Automobil- und – zulieferindustrie. München: TCW.

Zahn, E./Ströder, K./Unsöld, C. (2007): Outsourcing von Dienstleistungen. Ergebnisse einer Unternehmensbefragung der Industrie- und Handelskammern in Baden-Württemberg. URL: http://www.stuttgart.ihk24.de/linkableblob/sihk24/Branchen/Dienstleistung/downloads/975124 /.10./data/OutsourcingStudie_Final_druck-data.pdf [Stand: 16.12.2013].

www.ingramcontent.com/pod-product-compliance
Lightning Source LLC
La Vergne TN
LVHW042000181125
825755LV00080B/2431